*publication PN°*1
Bibliothek der Provinz

VORZUGSAUSGABE

Robert Schneider
Gegengebet
Gedichte

herausgegeben von
Richard Pils

Verlag
publication PN° 1
© Bibliothek der Provinz
A-3970 WEITRA
02815/35594

ISBN 3 85252 092 4

printed in Austria
by
Schindler
A-3950 Gmünd

Vorzugsausgabe 300 Stück numeriert
mit 2 Originalgraphiken von
Patricia Karg
Titelbild von
Patricia Karg

Robert Schneider
Gegengebet

Gedichte

meinem stummen bruder e.r.

REICHE MÄNNER

Geredet hatte er wieder
Ihre Augen lärmten vor Leben
                      Nein geh nicht! und
Immer gehören wir dir!
Er aber ging
Capernaums Sonne im Gesicht
Auf den Lippen
Den Geschmack früher Malvenblätter
Sich wollte er sein
                  G.O.T.T.
Von reicher Gestalt
Das Herz voller als Israels Scheunen
                    Sah er ihn kommen
Und fiel nieder vor Capernaums Sonne
Fremder mein Bruder
Was muß ich tun daß du mich liebst?

Er aber ließ ihn knien
                    Sah:
War sein Bruder war sich
                  T.T.O.G.
Verleugne dein Herz
                  Voller als Israels Scheunen!

Dann komm wieder und sei mit
                    MIR
Wie kann das geschehen?
Schrie der Kniende
Und stolz
Wäre ich arm
Wär' ich gekommen?
Ist nicht die Liebe
Verneinend fruchtbarer?
Wandte sich ab
Capernaums Sonne
Von dem Knienden
Ging zu den Armen
den Augen lärmenden Lebens
Sie aber sprachen Meister!
Was hast du getan?
                    DEIN BRUDER!
Er ist reich
Nicht zwei
                    GÖTTER
gibt es

(*müde strich der wind aus kidrons seite ihm übers haupt*)

RAHEL

Die Zeit des Hungers ist aus!
Schrien die Bettler
                    Ich esse und lache!
Ein Kind aus den Sternen
Ein Kind aus den Sternen?
                    Und Bethlehem lachte
Friede wird sein
Mensch ein Mensch
Die Zeit des Stehlens vorüber
                    Bethlehem lachte
Aus gewittrigen Träumen schrak ein Mächtiger
                    Wie?
Ein Herrscher aus Sternen über Sterne?
Ließ sich Schwerter zeigen
Griff das Blut Zweijähriger
                    Schwieg Bethlehem
Eine Frau jungschwarz
                    Wie sie
Geboren ein Kind aus Lautangst
                    Wie sie
Küssend das blinde Fleisch
                    Wie sie
Im reichen Schmutz der Stadt

                    Wie sie
Weinte mit Bethlehems Müttern
DURFTE DIESE EINE ENTKOMMEN UND IHR KIND?
Wer hat gewarnt?
                    Aber Tausende nicht?
Meinem sind die Glieder gehackt

Die Zeit des Hungers ist aus!
Schrien die Bettler
                    Die immer Blinden
Und schrien lauter als Bethlehems Mütter
Friede wird sein
                    Das Steheln
Das Kind aus den Sternen

Die Frau jungschwarz
                    Wie Mirjam
Riß das Haupt blutig an Schwellen
und heulte
                    Wo ist mein Kind Hund!
War es nicht aus den Sternen?

(ein mächtiger schlief satter schlief blutiger)

QUID ES VERITAS?

Schwarz lagen Jerusalems Gärten
Und Trauer schon der Rand seiner Worte
     Müde vom Leben
Ein Kind ließ Urin
      Hundsmagen blähten
Fackelnerstickt schliefen Hütten
Und Tod schon um sein eisenverstelltes Haupt
     Irre an sich
Ein Wärter schrieb Briefe nach Gießen

Dein Reich also Hund
Ist nicht von dieser Welt
Trat schwergestiefelt Pilatus Major
     Herauf
Lachte und gähnte

Von welcher Welt dann?
Lachte kürzer
Sie waren allein jetzt
     Er liebte seine kleinen Hände

Jude dir stirbt dein Gesicht!
Glaube mir

Noch ist die Zeit nicht voll
Löste ihm das Eisen vom Haupt
Hieß ihn das Geschlecht verbergen
     Augen glitten über Augen
Wehmut Pilatus Major
Irisverblutet der Jude

Ich bin die Wahrheit
     Wahrheit bin Wahrheit
Wer die Wahrheit ist
     Die Wahrheit Wahrheit
(...)
Und schmerzverrißner die Wörter
Selbst an den Gedanken noch Schwären

Entkernte Oliven gekühlte
Aus römischen Kellern nordwärts
Träufelte ihm die gebläuten Lippen
Mit zypreischem Wasser
     Grinste wie ein Kind

Was ist Wahrheit Jude dummer?
Mithras wahr
Unwahr auch
Sokrates gelebt

Aber mit Gewißheit nicht
Bist Gott
Bin ich es auch
                     SCHWIEG DER JUDE

(es hat einen sonnigen tag heute in buchenwald schreibt der hermann aus gießen)

TALITA KUM
für pascale, der nordöstlichen

Er rührt Tote an im sausenden Dunkel
Und lehrt ihren Händen Berührung
Das kann sie nicht?
Gibt sie meinem Mund nicht Dauer von Sternen?

Tausenden speist er die verekelten Herzen
Und träumt ihnen vom Weltraum dem engen
Das kann sie nicht?
Spur ist sie meines Traums

Dem Herzblinden gibt er Sinnlicht
Daß er halbstirbt im gleißenden Erkennen
Das kann sie nicht?
Hat sie nicht einmal und zweimal
Den Weg neugeschlagen?

Denen der Schmerz den Bauch frißt
Leiht er noch größre Verzweiflung
Daß Ihre Körper Treblinka gleichen
Das kann sie nicht?
Immer hat sie mich getötet
Gesagt mit kaltem Atem:

NIMM DEIN BETT UND GEH VON MIR
Nach den Tagen unendlichen Gebirgs war ich getröstet

(gehst du nach nordosten immer ein wunder fällt)

WO STEHT?

Du Kurzbeiniger mit den vollendeten Augen
Schnellsprecher
                    Dunkelstimmiger
Wo steht
Du habest dem versengten Olivenbäumchen
Ein Wort gegeben?

Du Seelenschauer durch eine Berührung
Rhetor des Elends
                    Überwacher
Wo steht
du habest Psalmen gesungen
Vor Freude am Leben?

Du Wisser Jerusalems Nachtträume
Tröster der Unrechten
                    Sündenverschlucker
Wo steht
Du habest des Zebedäus Eselin das Fell gekrault?

Du Bebauer der Herzen
Regen Libanons und der dunklen Mädchen
                    Südsonne

Wo steht
Du habest Myrthen ausgelegt eh du geredet?

Wo stehn deine Kirchen
                        Nicht unsre?
Wo warten dein Bücher
                        Nicht menschliche?

Hättest du gesungen
Vielleicht sängen auch wir

(ein mann sagt beim fischen habest du das klicken des planktons vernommen)

GEBT MIR MEINEN JESUM WIEDER (BWV 244)

Rede nicht vom Heil das
                    Du vermagst
Laß uns die Menschen sehen
In der Arnheimer Allee
Wie entstellt ihre Körper
Vom Leben
                    Sagst du?
Sei nicht immer Gott
Auch ich bin nicht immer Mensch

Red' mir nicht von Zeit die
                    Du richtest
Hast du Geld etwas?
Der Monroe ihr Letzter spielt um Zehn
Trauer auf den geschloßnen Lidern
Liebe anstatt Kokain
                    Du irrst
Vergib nicht dem Hasser
Auch ich vergebe dem Liebenden

Tu' jetzt keine Wunder
                    Wieder fällst du auf
Laß sie sterben

Mit ihrem schrundig versoffnen Gesicht
Kannst du nicht ein Mal sein wie
                ICH?

Aber bestimmt bist du wert
Bestimmt bleib ich das
Das auch nicht
                Bestimmt
Zehn dann
                Und Mensch

(wärmer solltest dich kleiden die morgen rauhreifen jetzt)

EIN ANDERES FRAGEN

Man muß nicht fragen
Wo warst du in Ausschwitz?
Muß man nicht fragen
Warum warst du in Auschwitz?
                      Erträglich wäre getsorben

Man muß nicht fragen
Wo verschwendet sich deine Güte?
Man muß nicht fragen
Warum bist du immer schlecht im Guten?
                      Schuldlos würde geträumt

Nicht gewußt
Daß du nur im Unrecht richten kannst?
Vergessen
Daß du das Böse ersehnst?
Wie denn hättest du schaffen können?

(kierkegaard hat nicht gesagt daß ein gutes so lange mit dem bösen ringt bis das böse im guten vergeht)

VERSUCHUNG

Und stieg aufs Gebirg dem nachtverwandten
Hob die Hände
Wollte den Mond beenden

Da ging ein öliger Wind vom Meer herauf
Und ein Junge
                      Nabellos wie er selbst
Gebar sich aus dem Fels

Den Mond wirst du beenden
Wenn du mich liebst
Gib mir einen Augenblick

Er aber stieg höher
Hob die Hände
Die Sterne wollte er beenden

Du begehrst Vollendung?
Sprach das geschlechtsfremde Weib
Laß mich and deinem Geschlecht sterben
Dann legt dein Wille Gestirn trocken

Da schrie er auf vor Schmerz nach dem Schönen

SATANAS
Mußtest du mir zeigen
Wie sehr du mich liebst?

(aus der nabellosen stelle sickerte zähdunkles wasser)

GEGENGEBET

Mein Bruder
Der du bist im Himmerl der Erde
Leiser gehe dein Name
Dein Reich sterbe
Dein Wille vergehe
In Kalkutta und auf den griechischen Stränden
Unsern täglichen Schmerz laß uns heute
Vergib deinem Herzen
Daß auch wir dir vergeben
Und führe uns nach den Wegen der Irre
Daß wir erlöst werden von deiner Straße
Mein Bruder

(denn alle unworte doch bist du)

Robert *Schneider*

geb. 1961 in Bregenz (Österreich), lebt und arbeitet in Meschach, einem Bergdorf in den österreichischen Alpen.

1981–86 Studium der Komposition, Kunstgeschichte und Theaterwissenschaft in Wien.

1990 **Abraham-Woursell Award**, ein amerikanisches Privatstipendium zur Förderung junger europäischer Autoren für die Arbeit an seinem ersten Roman *Schlafes Bruder*.

Landespreis für Volkstheaterstücke des Landes Baden-Württemberg für das Theaterstück *Traum und Trauer des jungen H.*. (UA am 20.11.93 am Niedersächsischen Staatstheater Hannover).

1992 *Schlafes Bruder* erscheint bei Reclam/Leipzig und wird ein literarischer Sensationserfolg, nachdem der Roman von 23 Verlagen abgelehnt worden war. (Über 200 Re zensionen, u.a: Spiegel, F.A.Z., Die Zeit, Süddeutsche, Vogue, Frankfurter Rundschau. Besprechung im Literarischen Quartett.)

Übersetzung des Romans in 24 Sprachen: *Schwedische* (Bonniers Alba), *Dänisch* (Samleren), *Norwegisch* (Gyldendal), *Spanisch* (Tusquets), *Katalanisch* (Columna), *Französisch* (Calman-Lévy), *Tschechisch* (ERM), *Englisch* (Overlook), *Holländisch* (Arbeiderpers), *Italienisch* (Einaudi), *Griechisch* (Kedros), *Russisch* (Fantakt), *Slowenisch* (Mohorjeva zalózba), *Koreanisch* (E'Du Publishing). In Vorbereitung: *Polnisch*, *Vietnamesisch*, *Türkisch*, *Chinesisch*, *Ungarisch*, *Hebräisch*, *Finnisch*, *Portogiesisch*, *Japanisch*, *Arabisch*.

1993 Uraufführung des dramatischen Monologs **Dreck** *über die Angst vor dem Fremden* am Thalia Thater in Hamburg. Das Stück wird zum meistgespielten Thaterstück der Saison 93/94 (41 Inszenierungen).

Schlafes Bruder wird von der Ballett-Kompagnie des Pfalztheaters Kaiserslautern vertanzt.

Dramatikerpreis der Potsdamer Theatertage
Alemannischer Literaturpreis
Robert-Musil-Preis der Stadt Wien
1994 **Literaturpreis der Salzburger Osterfestspiele**
Prix Médicis Etranger/Paris
Premio Grinzane Cavour/Turin
Joseph Vilsmaier verfilmt den Roman für das Kino.
Der Komponist Herbert Wiklli erarbeitet ein Opernversion des Romans (UA: 1996, Opernhaus Zürich).

1995 **Marie-Luise-Fleisser-Preis/Ingolstadt**

Patricia *Karg*
geb. 1961 in Innsbruck
1976–1980 Fachschule für Holz- und Steinbildhauerei in Innsbruck, Gesellenprüfung
1980–1987 Studium der Bildhauerei an der Akademie der Bildenden Künste in München, Meisterschülerin von Prof. Hans Ladner, Diplom

Ausstellungen: 1984–1994
Galerie im Fürstenhaus, Hall in Tirol 1984; Deutsche Gesellschaft für christliche Kunst, München 1986; Haus der Kunst München, Kunst '86, Stadtturmgalerie, Innsbruck 1986; Innsbrucker Kunstverein 1986, Bonifaziushaus Fulda 1986; Martin-Philipp Galerie, München 1986; Internationales Pressezentrum, Wien 1986; Tiroler Kunstpavillon, Innsbruck 1987; Katholisches Bildungshaus, Lienz 1988; BAWAG, Innsbruck 1988; Inngalerie, Kufstein 1988; Haus der Kunst München, Kunst '89; Trinity Arts Center, Royal Tunbridge Wells, England 1990 u. 1992; Château Jarez, St. Chamond, Frankreich 1990; Theodor Hörmann Galerie, Imst 1990; Reith im Alpbachtal, Tirol 1989; Kleine Galerie, Innsbruck 1990; Galerie Zöhrer, Schwaz 1990; Galerie Dida, Graz 1990; Galerie im Fischerhuus, Zürichsee 1990; Im Karg–Haus, Mayerhofen 1990; Château de la Beertrandière, L'etrat, Frankreich 1990; Galerie in der Stille, Natterns 1991; Galerie Villa Mutter, Feldkirch 1991; Kunstraum Kirche, Innsbruck 1992; Gerätewerk Matrei, Völs 1992; Galerie Hosp, Nassereith 1992; Galerie Branz, Bregenz 1993 und 1994; Azoth Art Connexion, Wien 1993; Kulturhaus, Garmisch-Partenkirchen 1994; Stiegl Braukunstfest, Salzburg 1994; Porsche Innsbruck 1994; Diagonale Salzburg 1994 Städtische Galerie, Lienz 1994; Galerie Jaque Coures, Làbresle, Frankreich 1995; Galerie Nenu, Silz 1995;...

Ehrungen, Auszeichnungen und Preise
Preis der Internationalen Sommerakademie, Innsbruck 1981
Preis der Stadt Innsbruck 1981
Preis der internationalen Sommerakademie Innsbruck 1983
Preis des 88. Katholikentages, München 1984
1. Preis–Neugestaltung der Kirche St. Phillip Neri, München 1985
1. Preis für Malerei, Stadt Innsbruck 1987
Auszeichnung für Kleinplastik durch International Art Competition, New York 1988
Förderungspreis für Malerei der Stadt Innsbruck 1988
1. Preis, Datecom Kunstpreis, Tirol 1992 ...

*publication P*N°1
Bibliothek der Provinz

Verlag für Literatur, Kunst und Musikalien